LES

ARMES PORTATIVES

EN FRANCE

ARMES MODÈLE 1874 (SYSTÈME GRAS)

(Extrait de la Revue d'artillerie)

PARIS

BERGER-LEVRAULT & Cⁱᵉ, LIBRAIRES-ÉDITEURS

5, rue des Beaux-Arts, 5

MÊME MAISON A NANCY, 11, RUE JEAN-LAMOUR

1876

LES

ARMES PORTATIVES

EN FRANCE

LES

ARMES PORTATIVES

EN FRANCE

ARMES MODÈLE 1874 (SYSTÈME GRAS)

(Extrait de la *Revue d'artillerie*)

PARIS

BERGER-LEVRAULT & Cie, LIBRAIRES-ÉDITEURS

5, rue des Beaux-Arts, 5

MÊME MAISON A NANCY, 11, RUE JEAN-LAMOUR

1876

LES ARMES PORTATIVES

EN FRANCE

ARMES MODÈLE 1874 (SYSTÈME GRAS)

Tout le monde connaît les difficultés sans nombre que rencontra, tant en France qu'à l'étranger, l'introduction du chargement par la culasse dans les armes de guerre. Pendant une période de vingt années, les inventions se succédèrent et les modèles les plus variés furent expérimentés, mais en vain, sur les divers champs de tir de l'Europe. L'opinion publique n'était pas encore favorable à cette innovation, et l'on n'envisageait la rapidité du tir qu'au point de vue des abus qui pouvaient en être la conséquence. Seule, la Prusse, comprenant tout l'avantage que cette rapidité du tir peut procurer à un moment donné, ne se laissa pas arrêter par l'argument, toujours mis en avant, de la trop grande consommation probable des munitions, et, dès 1841, elle adopta le fusil à aiguille.

Quant aux inconvénients que pouvait faire craindre un emploi inconsidéré des armes à tir rapide, cette puissance pensa que c'était par les soins donnés à l'éducation militaire du soldat et par une bonne discipline que l'on parviendrait à en atténuer l'importance.

Quoique les succès obtenus par les Prussiens, dans la campagne de 1864, contre le Danemarck, eussent déjà converti un certain nombre des adversaires du chargement par la culasse, l'état des choses continua néanmoins à rester le même jusqu'en 1866. Mais, au lendemain de la bataille de Sadowa, on ne discuta plus et toutes les puissances se hâtèrent d'admettre en principe le chargement par la culasse.

Il ne restait plus qu'à faire un choix parmi les nombreux modèles que l'on connaissait à cette époque.

En France particulièrement, un très-grand nombre de systèmes d'armes (80 en cinq ans) avaient subi des essais plus ou moins longs, soit dans les corps de troupes, soit dans les commissions spéciales d'expériences ; parmi tous ces systèmes, les uns étaient réellement susceptibles de constituer une solution provisoirement acceptable, et les autres, à côté d'inconvénients tels qu'il n'était pas possible de les adopter comme armes de guerre, présentaient cependant des qualités réelles ou des dispositions ingénieuses qu'il était possible d'utiliser. D'un autre côté, des ordres précis avaient été donnés, dès 1864, pour établir, d'après un programme fixé à l'avance, *un fusil d'infanterie de petit calibre* se chargeant par la culasse.

Cette double condition du petit calibre et du chargement par la culasse avait déjà, il est vrai, été réalisée d'une façon heureuse en 1855, dans le mousqueton des centgardes ([1]). Mais cette arme, du calibre de 10 millimètres, pourvue d'un mécanisme de culasse fort ingénieux et douée de propriétés balistiques remarquables, ne présentait pas les qualités requises pour un fusil d'infanterie. En outre, dans la fabrication en grand de sa cartouche rigide, à culot métallique, on rencontrait à cette époque de sérieuses difficultés qui ont disparu depuis, avec les progrès de l'industrie.

Pendant que les armes présentées par les inventeurs étaient l'objet d'un examen approfondi, le Comité de l'artillerie faisait continuer sans relâche les études nécessaires pour arriver à une arme qui répondît au programme qu'on lui avait tracé.

Or, dans une arme se chargeant par la culasse, il y a trois points à considérer : 1° l'établissement de l'arme pro-

---

([1]) Système Treuille de Beaulieu

prement dite et de son mécanisme ; 2° les données balistiques de l'arme ; 3° la cartouche.

Afin d'arriver plus vite et plus sûrement, la Commission permanente de tir de Vincennes fut chargée de déterminer les données balistiques les meilleures pour une arme de guerre, sans s'occuper des mécanismes de chargement par la culasse. Les longues études que cette commission avait faites avec les fusils *Whitworth*, *Lancaster*, *Suisse*, *Néerlandais*, et avec des fusils français de calibres différents, variant depuis 11 jusqu'à 15 millimètres, servirent beaucoup à guider la marche des recherches. Les travaux entrepris permirent de déterminer le calibre, la rayure, le poids de l'arme, la balle, la charge et l'espèce de poudre qui convenaient le mieux pour assurer la portée, la justesse, la continuité du tir, la légèreté de l'arme, tout en conservant un recul qui ne pût gêner le tireur.

Un fusil se chargeant par la bouche, du calibre de $11^{mm},5$, rayé au pas de $0^m,60$, pesant $4^k,200$, sans baïonnette, et tirant une balle de 27 grammes avec $5^g,25$ de poudre fine (dite poudre B), fut en conséquence établi suivant les indications fournies par la Commission permanente de tir. Les données de cette arme servirent de base à l'étude du fusil Chassepot ([1]).

Plusieurs de ces données furent cependant légèrement modifiées, lorsqu'au chargement par la bouche on dut substituer le chargement par la culasse : le poids de la balle fut un peu diminué, le calibre de l'arme fut réduit à 11 millimètres et le pas des rayures à $0^m,55$.

Les études étaient terminées au commencement de 1866, et à la suite des expériences faites au camp de Châlons ([2]), on adopta, au mois d'août, le système Chassepot, qui prit la dénomination officielle de fusil modèle 1866.

---

[1] M. Chassepot était alors contrôleur d'armes principal au Dépôt central de l'artillerie.

[2] Les expériences du camp de Châlons portèrent sur :
1° 400 fusils système Chassepot du calibre de 11^{mm} ;
2° 100 fusils système Chassepot-Plumerel du calibre de $11^{mm},5$;
3° 10 fusils système Pavé du calibre de $10^{mm},5$.

Indépendamment du fusil d'infanterie, on créa, dans les années qui suivirent, trois autres modèles d'armes du même système et ne différant entre eux que par des dispositions spéciales en rapport avec le service des troupes auxquelles ils étaient destinés, de sorte que l'armement général des troupes devait comprendre les modèles suivants :

1° Fusil d'infanterie modèle 1866 ;

2° Carabine de cavalerie, id. (¹) ;

3° Carabine de gendarmerie, id. (¹) ;

4° Mousqueton d'artillerie, id.

La fabrication de ces nouvelles armes fut conduite avec une grande rapidité, et, au mois de juillet 1870, la France possédait environ 1 200 000 armes du système adopté.

C'est presque exclusivement avec les armes modèle 1866 que l'on a fait la campagne de 1870-1871 : les épreuves qu'elles eurent à subir pendant cette période permirent d'apprécier les qualités du système, mais en firent aussi reconnaître les défauts.

A la suite de la campagne, le Ministre de la guerre prescrivit une enquête minutieuse sur la manière dont s'étaient comportées les armes portatives et leurs munitions, et cette enquête fit ressortir la nécessité d'apporter certaines améliorations aux armes et spécialement aux cartouches modèle 1866 (²).

On ne décrira pas ici le fusil modèle 1866, qui est connu de tous, et l'on se contentera d'indiquer les causes principales qui ont motivé la transformation dont il est actuellement l'objet.

Chacun sait que le fusil français modèle 1866, comme le fusil prussien Dreyse, emploie une cartouche en papier qui porte son amorce ; cette cartouche doit être construite de telle sorte que, le coup parti, il ne reste plus rien

---

(¹) La carabine de cavalerie et la carabine de gendarmerie ont la même longueur et ne diffèrent que par les boucles et par les tenons qui permettent d'adapter un sabre-baïonnette à la seconde. La carabine de cavalerie munie d'une baïonnette quadrangulaire (mod. 1866) sert à l'armement de la gendarmerie à cheval.

(²) Voir *Revue d'artillerie*, tome I, octobre et novembre 1872.

dans l'arme, les débris étant brûlés ou expulsés. Avec ce système, on n'a pas à se préoccuper de l'extraction des tubes vides, les munitions n'ont qu'un poids relativement faible, et l'on peut admettre dans la fabrication des armes des tolérances relativement étendues.

Mais, à côté de ces précieuses qualités, viennent se placer les inconvénients sérieux qu'entraîne le principe même de la cartouche, au double point de vue du transport des munitions et du service de l'arme.

Cette cartouche doit, en effet, être d'une part assez solide pour ne pas se détériorer dans les transports et spécialement dans les gibernes ou cartouchières des soldats, et, d'un autre côté, l'enveloppe doit être assez combustible pour disparaître complétement par l'effet du tir, sans laisser de résidus dans le canon. Jusqu'ici, ces deux conditions ont paru contradictoires, et pour les réaliser d'une manière satisfaisante, on a dû sacrifier un peu de la solidité et admettre, en outre, la présence de quelques résidus dans la chambre. La cartouche modèle 1866, qui cependant avait été minutieusement étudiée dans tous ses détails, ne remplissait donc qu'imparfaitement les deux conditions précédentes ; les inconvénients inhérents à chacune d'elles devaient, par suite, nécessairement apparaître et ils apparaissent réellement dans la pratique. En campagne, les munitions ne sont pas suffisamment solides, et en particulier les cartouches restées libres dans la cartouchière se détériorent rapidement. De plus, dans le service de l'arme, les débris non expulsés finissent par s'accumuler dans la chambre, par donner lieu à des difficultés de chargement et, enfin, par limiter le tir de l'arme à un nombre de coups relativement restreint.

Indépendamment de ces inconvénients généraux, on peut encore en reprocher divers autres au fusil modèle 1866; mais ces derniers sont loin d'avoir tous le même caractère de gravité. Du reste, quoique le fusil modèle 1866, tel qu'il est, constitue encore, même en présence de l'armement actuel des autres puissances, un armement très-redoutable, il convenait néanmoins d'y apporter les améliorations dont il était susceptible et que l'expérience de la guerre avait fait reconnaître comme nécessaires.

C'est donc pour étudier le degré d'importance de ces divers inconvénients, les atténuer et y obvier, si c'était possible, que le Ministre de la guerre institua à Vincennes, le 3 septembre 1872, la Commission d'examen de la cartouche modèle 1866 (¹), sous la présidence du général de division Douay.

Les études de cette commission portèrent d'abord sur certaines propositions relatives à des cartouches combustibles pour fusil modèle 1866; mais, après plusieurs essais infructueux, la Commission reconnut l'extrême difficulté, sinon l'impossibilité de constituer, dans un délai acceptable, une bonne cartouche qui n'entraînât aucune modification de l'arme, et elle émit l'avis que la solution la plus avantageuse consisterait dans la substitution d'une cartouche à étui métallique à la cartouche combustible.

Mais, bien que depuis 1866 un grand nombre de propositions individuelles eussent été faites dans ce sens, cette substitution n'était pas aussi facile qu'elle pouvait le paraître au premier abord, et il s'agissait préalablement d'en démontrer la possibilité au point de vue pratique. On remarquera, en effet, que dans le fusil modèle 1866, la cartouche se trouve placée à une distance assez considérable de l'entrée de la chambre (38 millimètres) et qu'il est très-difficile de disposer sur le mécanisme de fermeture un système extracteur permettant de retirer facilement l'étui d'une cartouche métallique qui aurait été enfoncé dans cette chambre et qui occuperait la même position que la cartouche modèle 1866 (²).

La solution se simplifiait dès que l'on avait affaire à

____

(¹) Voir la composition de cette Commission, *Revue d'artillerie*, tome I, novembre 1872, page 160.

(²) Plusieurs solutions de cette nature furent cependant proposées, mais la Commission dut les rejeter pour divers motifs qu'il est inutile de reproduire ici.

des fusils modèle 1866 non terminés et dans lesquels la chambre de la cartouche n'était pas encore pratiquée : on pouvait, il est vrai, se mettre dans ces conditions en remplaçant tous les canons des armes modèle 1866 par des canons neufs.

Mais une telle opération devenait trop onéreuse pour une transformation. On devait, dès lors, essayer de parvenir au même résultat en alésant convenablement la chambre primitive et en y plaçant un tube dans lequel on pratiquerait la chambre correspondant à la nouvelle cartouche, en un mot, par le *tubage du canon*. On fit à cet effet de nombreux essais, non-seulement de modes de tubage, mais encore de procédés pratiques pour le placement du tube ; la plupart des méthodes employées ayant donné des résultats satisfaisants, il parut démontré que le tubage, bien que nécessitant une attention toute spéciale dans la fabrication, était cependant une opération susceptible d'être menée à bonne fin et que la transformation des armes modèle 1866 pour le tir de cartouches métalliques pouvait avoir pour point de départ le tubage du canon. (On décrira plus loin le mode de tubage employé.)

En supposant une cartouche à étui métallique déterminée et le tubage du canon admis, les systèmes de transformation des fusils modèle 1866, pour le tir de la cartouche choisie, étaient fort nombreux et ils pouvaient être plus ou moins complets, suivant le prix que l'on désirait consacrer à la transformation de chaque arme.

D'un autre côté, il convenait de se demander si, pour la reconstitution de l'armement, la fabrication des armes neuves devait être exécutée conformément à la transformation adoptée, ou bien s'il fallait composer un modèle entièrement neuf de toutes pièces et adopter, seulement pour la transformation, un procédé permettant de l'exécuter à peu de frais et à bref délai. Après avoir examiné de près cette double question, avoir pesé les avantages et inconvénients de chaque méthode, il fut admis que si l'on

pouvait imaginer un procédé de transformation suffisamment complet pour servir d'arme neuve, il fallait s'y tenir.

Le problème ainsi posé est évidemment plus difficile
à résoudre, parce qu'on est alors obligé de s'astreindre,
pour chaque pièce, à des dimensions fixées à l'avance,
qui peuvent ne pas être toujours les plus convenables,
et que le nombre des éléments variables du mécanisme
se trouve ainsi considérablement réduit (¹) ; on s'y est
cependant arrêté, d'abord pour diverses raisons de fabrication, et spécialement parce qu'on désirait, avant tout,
l'*unité d'armement*.

Malgré les difficultés que présentait la solution du problème, on doit se féliciter de cette résolution, par suite de
laquelle nous posséderons rapidement un excellent armement, tandis que la recherche et la détermination d'une
arme neuve de toutes pièces et la mise en train de la fabrication de cette arme eussent nécessité un temps très-
considérable, pendant lequel on eût dû fabriquer des fusils
modèle 1866 qu'il aurait fallu plus tard transformer.

Ces principes admis, la Commission d'examen de la
cartouche modèle 1866 continua ses recherches, tant sur
les cartouches que sur les armes ; elle étudia le tracé de
la balle, ainsi que le mode de chargement des cartouches ;
elle fit également l'essai de plusieurs types de cartouches
de divers calibres et de diverses grandeurs, et après s'être
d'abord arrêtée à une cartouche dont l'étui avait 13ᵐᵐ,4
à la base et contenait 5 grammes de poudre, elle demanda
que les cartouches définitives fussent au calibre de 13ᵐᵐ,8
et renfermassent 5ᵍʳ,25 de poudre.

En ce qui concerne les armes, un très-grand nombre
de systèmes furent proposés ; mais, après les premiers
essais, deux parmi eux parurent satisfaire plus spéciale-

____

(¹) C'est ainsi, par exemple, que dans le fusil Mauser la distance de l'extrémité du
bouton fileté à la partie antérieure de la tête de gâchette, dimension qui doit servir
de point de départ, est de 134ᵐᵐ ; que dans le fusil modèle 1866 elle n'est que de
112ᵐᵐ,5, et que l'on a dû, dans le fusil modèle 1874, reculer la détente de 9ᵐᵐ pour
la porter à 121ᵐᵐ,5.

ment aux conditions générales qui avaient été imposées, et, pour fixer le choix sur l'un de ces deux systèmes, on résolut de les soumettre à une série d'expériences qui seraient exécutées sur une grande échelle dans divers corps de troupes.

Ces deux systèmes sont :

1° Le système de Beaumont, déjà employé depuis plusieurs années en Hollande (¹) ;

2° Le système proposé par M. Gras, chef d'escadron d'artillerie.

Système de Beaumont. — Le système de Beaumont a déjà été décrit dans la *Revue d'artillerie* (t. I, janvier 1873, p. 319) ; on ne reviendra donc pas sur la description de cette arme. On fera toutefois remarquer que quelques modifications avaient été apportées au type primitif, dans le but d'en simplifier le démontage. Le système de Beaumont (type d'infanterie), ayant son ressort placé dans le levier, n'était applicable ni aux carabines de cavalerie, ni aux mousquetons d'artillerie, dont le levier est recourbé pour des raisons de service ; il avait donc fallu, pour ces deux espèces d'armes, modifier la position et le mode d'action du ressort de percussion et créer un mécanisme de culasse mobile différent de celui du fusil d'infanterie.

Système Gras. — Le système Gras consistait à remplacer, après avoir tubé le canon, la culasse mobile du fusil modèle 1866 par un nouveau mécanisme approprié aux conditions qu'implique l'emploi de la cartouche métallique, tout en conservant comme moteur de percussion un *ressort à boudin* (²) déjà employé dans le fusil 1866, ce qui permettait de maintenir l'harmonie qui existe entre les divers types d'armes modèle 1866 (infanterie-cavalerie-artillerie).

(¹) Le fusil hollandais (système de Beaumont) est construit pour le tir d'une cartouche comprenant 1 ᵍʳ,75 de poudre et 22 grammes de plomb.

(²) Le ressort à boudin est employé en Allemagne depuis trente ans (fusil Dreyse et fusil Mauser), en Angleterre (Martini-Henry), en Italie (Vetterli), en Russie (Berdan).

On voit donc que, dans les deux systèmes proposés, on était amené au remplacement du mécanisme du fusil modèle 1866. On remarquera, à ce sujet, que le mécanisme du fusil modèle 1866, créé en vue de la cartouche combustible, pouvait être, dans une certaine mesure, conservé pour une transformation *à bon marché*, et, par suite, d'une valeur secondaire. Mais il n'était pas possible de l'utiliser pour une transformation qui devait être assez satisfaisante et assez complète pour être acceptée comme arme neuve. Cette impossibilité tenait à ce que la cartouche métallique exige une force de percussion considérable pour le départ, par suite un ressort à boudin puissant et que généralement on ne peut armer avec le pouce, ce qui entraîne l'armement automatique ; enfin, le mode d'assemblage des pièces du mécanisme 1866 par la vis-bouchon devenait insuffisant pour assurer à la pointe du percuteur une saillie invariable en dehors de la tête mobile.

Les deux inventeurs ayant approprié les systèmes qu'ils avaient proposés au tir de la cartouche dont la Commission de Vincennes avait déterminé les éléments, on procéda, dans plusieurs corps de troupes, à des expériences comparatives en grand. Un programme approuvé par le Ministre de la guerre, le 13 novembre 1873, fit connaître les dispositions à suivre pour l'exécution de ces expériences, qui eurent lieu dans trois régiments d'infanterie, un régiment de cavalerie et un régiment d'artillerie.

Chaque régiment d'infanterie reçut 100 fusils de chaque système (dont 50 neufs et 50 transformés) et 1 000 cartouches par arme. Les régiments de cavalerie et d'artillerie reçurent chacun 90 armes de chaque système (45 neuves, 45 transformées) et 500 cartouches par arme.

Les armes provenaient toutes de la manufacture de Saint-Étienne ; des épées-baïonnettes, avec fourreau en cuir, étaient adaptées aux fusils neufs ; les fusils transformés étaient pourvus du sabre-baïonnette modèle 1866.

Les armes furent soumises à des épreuves variées, équivalant à plusieurs années d'un service courant et correspondant le mieux possible aux circonstances qui peuvent se présenter pendant une campagne.

Dans l'infanterie, chaque arme fournit par jour :

1° Un tir de 30 cartouches à balle ;

2° 500 coups de feu simulés.

Les régiments chargés des essais durent prolonger le tir, au moins une fois, jusqu'à 130 coups dans la même séance, sans nettoyer les armes.

Les exercices à blanc prescrits avaient pour objet d'apprécier l'usure des divers organes du mécanisme après un long service.

Au bout de 30 jours d'exercices de ce genre, chaque arme avait ainsi fourni :

1 000 coups de feu à balle ;

15 000 coups simulés par le départ du chien.

Ces chiffres représentent approximativement le nombre de coups tirés par une arme en service pendant cinq ans.

Dans l'artillerie et la cavalerie, chaque arme dut fournir par jour :

1° Un tir de 15 cartouches à balle;

2° 250 coups de feu simulés.

Le tir fut, en outre, prolongé une fois jusqu'à 75 coups sans qu'on nettoyât les armes.

Enfin, dans les quinze derniers jours des expériences, cinq armes de chaque espèce, par régiment, subirent des expériences d'encrassement. Ces armes, formées en faisceaux et exposées à l'air libre de jour et de nuit, furent employées aux exercices et aux tirs, mais sans jamais être ni démontées, ni nettoyées.

Les cartouches, indépendamment des épreuves de tir, furent également l'objet d'épreuves spéciales de transport dans les caissons et dans les gibernes des hommes.

A la suite de ces expériences, chaque corps adressa au

Ministre de la guerre un rapport d'ensemble, et ces divers rapports, avec les pièces à l'appui, furent soumis d'abord au Comité de l'artillerie, puis à une haute Commission présidée par M. le maréchal Canrobert.

Sur la proposition du Ministre de la guerre, M. le Président de la République, par une décision du 7 juillet 1874, approuva les conclusions de cette haute Commission et adopta :

1° Le système Gras pour le fusil, la carabine et le mousqueton ;

2° L'épée-baïonnette pour l'infanterie.

Il fut en même temps décidé que l'on apporterait au mécanisme les modifications que l'expérience avait indiquées, que l'on ferait l'étude d'un fourreau en tôle d'acier pour l'épée-baïonnette, et qu'enfin l'on conserverait pour l'artillerie le sabre-baïonnette actuellement en usage.

Il fut, en outre, arrêté que :

Les armes neuves, faites d'après le système Gras, prendraient la dénomination de Fusils, Carabines ou Mousquetons modèle 1874, et les armes modèle 1866, transformées d'après le même système, celle de modèle 1866-1874.

On va d'abord donner la description du fusil modèle 1874, ainsi que de la carabine et du mousqueton du même modèle ; on fera ensuite connaître les différences qui existent entre les armes neuves (modèle 1874) et les armes transformées (modèle 1866-1874), et spécialement les particularités de construction de ces dernières.

On terminera enfin par quelques renseignements sur les qualités balistiques des nouvelles armes.

FUSIL MODÈLE 1874.

Le fusil modèle 1874 rappelle, par ses formes et ses dimensions, le fusil modèle 1866 (système Chassepot); mais il diffère essentiellement de ce dernier, soit par le principe même de la cartouche, soit par les détails du mécanisme de fermeture.

Une épée-baïonnette s'adapte à l'extrémité du fusil.

Données générales.

Longueur du fusil	$1^m,305$
Longueur de la lame d'épée-baïonnette. . .	$0^m,522$
Longueur totale du fusil, avec l'épée-baïon^te^.	$1^m,827$
Poids total de l'épée-baïonnette.	$0^k,800$
Poids de l'épée-baïonnette (sans le fourreau).	$0^k,560$
Poids du fusil.	$4^k,200$
Poids total du fusil muni de l'épée-baïonnette.	$4^k,760$

Les parties principales du fusil modèle 1874 sont les suivantes :

Canon (fig. 1, 3 et 4). — Le *canon*, en acier fondu, a la même forme et les mêmes dimensions que le canon du fusil modèle 1866. Le calibre est de 11^{mm}; la longueur totale du canon est de $820^{mm},5$; celle de la partie rayée de $760^{mm},5$.

Les rayures, au nombre de 4, ont une profondeur uniforme de $0^{mm},25$; les pleins égaux aux vides sont raccordés à ceux-ci par des arcs de cercle de $0^{mm},5$ de rayon; le pas de ces rayures, qui tournent de droite à gauche, est uniforme et de $0^m,55$.

La chambre a une forme et des dimensions en rapport avec celles de la cartouche; elle se compose de cinq troncs de cône successifs, raccordés entre eux, et le dernier de ces troncs de cône, qui sert de logement à la balle, raccorde la chambre avec l'âme du canon, de telle sorte que, lorsque la cartouche est dans le canon, la balle se trouve placée à l'entrée des rayures.

Comme dans le fusil modèle 1866, le canon porte à son extrémité antérieure, vers la bouche, un *guidon*, qui est exactement placé dans le plan vertical passant par l'axe du canon, et de plus les mêmes tenons et la même directrice, pour fixer l'épée-baïonnette (fig. 19).

On remarque également, vers la culasse, une *hausse* d'un modèle spécial graduée jusqu'à la distance de 1 800 mètres. (Voir : *Appareil de hausse*.)

Du côté du tonnerre, le canon se termine par un bouton fileté qui permet de le visser dans la boîte de culasse et de relier ainsi ces deux pièces.

A la partie supérieure, le bouton fileté est taillé en biseau, de manière à loger la griffe de l'extracteur et à permettre à celle-ci de saisir le bourrelet de la cartouche, qui fait saillie en ce point.

Boîte de culasse (fig. 3, 4 et 18). — La *boîte de culasse* ne diffère pas sensiblement de celle du fusil modèle 1866. On a conservé les mêmes dimensions générales, afin d'identifier, autant que possible, l'arme neuve et l'arme transformée. Cependant la forme de la partie postérieure de la boîte de culasse a été légèrement modifiée, afin de mieux assurer le maintien du renfort du cylindre dans la direction de la fente supérieure qui doit permettre l'introduction et le jeu de la culasse mobile.

On a, en outre, pratiqué une ouverture, ou fenêtre rectangulaire, dans le prolongement de la fente supérieure, pour servir de logement aux extrémités des branches de l'extracteur.

De plus, le rempart qui donne appui au renfort du cylindre, au lieu de présenter sur toute sa hauteur un plan perpendiculaire à l'axe du canon, est d'abord taillé suivant une surface hélicoïdale formant une rampe inclinée en avant. Le cylindre étant arrêté dans son mouvement à hauteur de la rampe, ce n'est qu'en rabattant le levier à droite que le renfort, en glissant le long de cette rampe, pousse la tête mobile à fond et achève de bander le ressort à boudin.

Sur le côté droit de la boîte de culasse se trouve la vis-arrêtoir de culasse mobile, dont le jeu, quoique analogue à celui de la même pièce du fusil modèle 1866, est cependant un peu plus complexe. (Voir : *Manœuvre de l'arme*.)

On remarquera aussi, dans le fond de la boîte de culasse, une petite vis (*vis-éjecteur*), dont la tête en saillie est destinée à servir de pivot au mouvement de bascule qui doit rejeter l'étui vide au dehors.

Enfin, à la partie inférieure se trouve fixé l'appareil de détente qui est le même que celui du fusil modèle 1866 [1].

Le canon et la boîte de culasse étant vissés l'un sur l'autre, sont reliés à la monture par la vis de culasse et par les deux boucles, absolument comme dans le fusil modèle 1866.

Culasse mobile (fig. 3, 4, 5 et 6). — La *culasse mobile* ou mécanisme de fermeture se compose de sept pièces, savoir : le *cylindre*, la *tête mobile*, l'*extracteur*, le *percuteur*, le *ressort à boudin*, le *manchon* et le *chien*.

Cylindre (fig. 8). — Le *cylindre* est la pièce de fermeture proprement dite ; il est percé de part en part et présente, à l'intérieur, un logement pour le ressort à boudin et le percuteur, autour duquel ce ressort est enroulé. A l'extérieur du cylindre se trouve le renfort qui, dans les mouvements de la culasse mobile, lui sert de guide dans la boîte de culasse. Le renfort est destiné à transmettre la pression du recul au rempart contre lequel il s'appuie ; il est muni du levier de manœuvre.

En avant du renfort se trouve un *bouton* en saillie qui doit engrener dans le logement qui lui correspond sous la queue du renfort de la tête mobile, de manière à rendre

---

[1] Dans les armes d'expérience du système Gras, la détente avait subi une légère modification, de manière à présenter une double bossette ; à la suite des expériences, cette modification a été abandonnée.

ces deux pièces solidaires dans le mouvement de translation. Près du bouton on remarque une nervure qui règne d'abord entre le renfort et le bouton, et qui se prolonge en avant. Cette nervure a pour objet d'empêcher tout déversement du cylindre, lorsque le tonnerre est ouvert et la culasse mobile ramenée en arrière.

Sur la paroi extérieure du cylindre on a pratiqué, comme sur le cylindre modèle 1866, deux rainures : l'une inférieure (le cylindre étant relevé), qui sert de passage à la tête de gâchette, et l'autre latérale, dans laquelle pénètre l'extrémité de la vis-arrêtoir; vers la partie postérieure, cette rainure se coude à angle droit, suivant une surface hélicoïdale en rapport avec la surface hélicoïdale du rempart de la boîte de culasse.

Ces deux rainures sont mises en communication par une fente transversale qui sert de passage à la tête de la vis-éjecteur. A la partie postérieure du cylindre, on remarque une entaille dans laquelle s'engage le coin d'arrêt du chien, lorsqu'il doit se porter en avant pour produire la percussion. Le côté droit de cette entaille a la forme d'une rampe hélicoïdale qui, en s'appuyant sur une rampe semblable du coin d'arrêt, fait reculer le chien lorsqu'on tourne le levier de droite à gauche, pour ouvrir la culasse, ce qui produit automatiquement l'armé du chien. A l'extrémité antérieure de cette rampe, on a pratiqué un évidement arrondi, qui est nécessaire pour la fabrication mécanique de cette partie du cylindre. Sur la tranche postérieure, à côté et à droite de la rainure de départ, se trouve un cran dit *cran de l'armé*, dans lequel pénètre la pointe du coin d'arrêt et qui a pour objet de maintenir le chien au bandé.

On peut voir facilement que le corps du cylindre ne remplit pas entièrement la boîte de culasse; c'est à l'aide de la tête mobile, dont le collet s'engage dans l'intérieur du cylindre, que celui-ci acquiert la longueur nécessaire pour donner appui au culot de la cartouche en s'appliquant lui-même par l'arrière de son renfort sur le rempart de la boîte de culasse.

Dans la culasse mobile, le cylindre est la seule pièce qui soit susceptible de prendre un mouvement de rotation.

Tête mobile (fig. 9). — La *tête mobile* sert à donner appui, par sa tranche antérieure, au culot de la cartouche et à loger l'extracteur. Elle se compose d'un corps sensiblement cylindrique et de même diamètre que le cylindre, se prolongeant en arrière par un collet qui permet de la monter sur le cylindre. Le corps de la tête mobile est percé, suivant son axe, d'un canal pour le passage du percuteur. Ce canal est de forme circulaire en avant et ovale en arrière. Le percuteur ayant sa partie antérieure de forme semblable, ces deux pièces, lorsqu'elles se pénètrent, ne peuvent pas prendre de mouvement de rotation autour de l'axe indépendamment l'une de l'autre. Le corps se termine en avant par une cuvette tronconique, qui reçoit la partie tronconique du culot de la cartouche.

Sur le pourtour, on remarque trois rainures ou fentes : une fente inférieure pour le passage de la vis-éjecteur, une fente latérale pour la vis-arrêtoir et qui forme la continuation de celle du cylindre; enfin, une fente transversale, ou rigole, destinée à servir, à l'occasion, d'issue aux gaz qui proviendraient de la rupture d'un culot et se seraient engagés dans la fente inférieure.

La tête mobile porte à sa partie supérieure un renfort qui se prolonge par une queue et qui est évidé, pour former le logement de l'extracteur. Sur le côté droit de la queue, on a pratiqué une mortaise destinée à recevoir le bouton du cylindre, pour relier ces deux pièces lorsqu'on ouvre le tonnerre. La partie inférieure de la queue est creusée circulairement, de manière à suivre la surface du cylindre, dont elle se trouve éloignée, afin de laisser à la queue toute la liberté nécessaire dans les mouvements vibratoires qu'elle prend par l'effet du tir.

Extracteur (fig. 10). — L'*extracteur* se compose de deux

branches formant ressort et d'un pivot fixé à la branche supérieure, par lequel cette pièce se relie à la tête mobile.

La branche inférieure porte une griffe pour saisir le bourrelet de la cartouche ; le devant de la griffe est incliné.

La branche supérieure se termine par un plan incliné qui, dans le mouvement de fermeture du tonnerre, vient glisser sur un plan incliné correspondant de la boîte de culasse.

Par cette double disposition, la griffe passe aisément par-dessus le bourrelet quand on ferme le tonnerre ; de plus, la branche supérieure se comprimant par l'effet du plan incliné et réagissant sur la branche inférieure, le ressort se trouve tendu ; tout ballottement de la culasse mobile est ainsi supprimé, et l'extraction de l'étui vide est beaucoup mieux assurée.

Dans tous les mouvements de la culasse mobile, la tête mobile et l'extracteur forment un ensemble qui est toujours dans la direction du logement de l'extracteur creusé dans la boîte de culasse ; les extrémités des deux branches de l'extracteur ayant pénétré dans ce logement, la tête mobile se trouve maintenue et ne peut prendre aucun mouvement de rotation.

L'extracteur se place à la main dans la tête mobile et sa position y est fixée par son pivot ainsi que par l'appui qu'il peut prendre sur la surface du cylindre, lorsque ces trois pièces, qui constituent l'appareil de fermeture et d'extraction, sont assemblées.

Percuteur (fig. 12 et 14). — Le *percuteur* est une tige d'acier de 7^{mm},1 de diamètre ; il présente à la partie antérieure un épaulement sur lequel agit le ressort à boudin pour produire la percussion. La pointe, légèrement cylindro-conique, traverse la tête mobile et vient, par son extrémité, frapper l'amorce de la cartouche.

L'épaulement et la pointe sont raccordés par un méplat ovale qui pénètre dans le logement correspondant de la tête mobile. Il résulte de cette dernière disposition que le percuteur se trouve maintenu dans le sens transversal et qu'il n'est susceptible d'aucun mouvement de rotation, la tête mobile n'ayant elle-même, dans la manœuvre, qu'un mouvement de translation.

La tige du percuteur se termine par deux entailles formant un T, qui reçoit le manchon pour le réunir au chien.

Ressort à boudin (fig. 13). — Le *ressort à boudin* est fabriqué d'un fil d'acier de 1^{mm},5 de diamètre, enroulé en hélice et faisant 20 tours sur 75 millimètres de longueur. Il prend appui contre le fond du cylindre d'une part, et contre l'épaulement du percuteur de l'autre. Lorsque le chien est à l'armé, le ressort exerce un effort de 13 kilogrammes environ.

Manchon (fig. 11 et 12). — Le *manchon* est destiné à relier le percuteur au chien ; dans ce but, il affecte une forme en T qui correspond à celle de l'extrémité postérieure du percuteur et s'adapte sur elle de la même manière que le manchon du fusil modèle 1866 se fixe au porte-aiguille.

Les deux ailettes du manchon s'emboîtent dans le logement qui est pratiqué à la partie postérieure du chien. Au-dessus des deux ailettes se trouve le collet, de forme cylindrique, qui permet à chaque ailette de présenter une saillie sur laquelle agit la cloison correspondante du chien dans la percussion, pour prévenir les ratés.

La tête du manchon surmonte le collet ; sur cette tête on remarque une fente de repère dont l'usage sera expliqué ultérieurement (voir *Chien*) ; les cordons sont molettés, pour permettre de saisir plus facilement cette pièce à la main.

Chien (fig. 7 et 12). — Le chien, qui a une forme analogue à celle de la même pièce du fusil modèle 1866, est creux et permet le passage du percuteur qui le traverse et doit s'assembler avec lui. A la partie postérieure, on a pratiqué une chambre cylindrique pour loger le manchon qui doit relier le chien et le percuteur ; deux cloisons transversales empêchent le manchon de se séparer du chien lorsque le mécanisme est monté, et deux coulisses croisées, formant une ouverture normale aux cloisons, permettent au contraire de dégager le manchon. Au-dessus de la partie cylindrique est le renfort, qui la dépasse en avant et qui doit guider le chien dans les divers mouvements que la culasse mobile peut prendre dans la boîte de culasse.

Sous le coude du renfort se trouve le coin d'arrêt, qui s'engage dans l'entaille correspondante du cylindre lorsqu'on met le chien à l'abattu, et dont l'un des côtés est taillé en rampe hélicoïdale, à la demande de celle de l'entaille du cylindre ; à l'extrémité de cette rampe, on a fait un léger évidement demi-cylindrique, dans le but d'en faciliter la fabrication mécanique. Le renfort se termine en arrière par une gorge et par une crête quadrillée, qui servent soit pour le montage ou le démontage du mécanisme, soit pour la mise du chien au cran de sûreté ou à l'abattu.

A l'arrière de la crête, on a tracé une fente de repère, qui doit être mise en correspondance avec la fente du manchon, pour placer les ailettes en regard des coulisses croisées et opérer alors la séparation du chien, du percuteur et du manchon. A la partie inférieure, on remarque les crans de sûreté et de l'abattu, ainsi que leurs plans inclinés, sur lesquels glisse la tête de gâchette.

Avec la gâchette, les cinq pièces de la culasse mobile, cylindre, ressort à boudin, percuteur, manchon et chien, constituent l'appareil de percussion. Cette percussion est spécialement produite par les trois dernières de ces pièces dont la figure 12 représente le mode d'assemblage.

Montage et démontage du mécanisme. — Étant données les sept pièces du mécanisme qui viennent d'être décrites,

le montage de la culasse mobile s'opère de la manière
suivante :

1° Monter le ressort à boudin sur le percuteur ;

2° Prendre le cylindre de la main gauche et y introduire le ressort à boudin et le percuteur ;

3° Renverser l'ensemble de ces trois pièces et placer
la pointe du percuteur soit sur la tête de la baguette qui
est fraisée pour la recevoir (en ce cas, maintenir l'arme
verticalement, le pontet en avant), soit sur un morceau
de bois dur ; coiffer le percuteur avec le chien, de façon
que le coin d'arrêt pénètre dans l'entaille correspondante
du cylindre ;

4° Saisir la culasse mobile à pleine main, de la main
gauche, et prendre le manchon entre le pouce et l'index
de la main droite ;

5° Exercer un effort énergique et assez brusque avec
les deux mains pour comprimer le ressort à boudin et
faire dépasser le T du percuteur en arrière du chien ;
engager alors le T du percuteur dans le manchon, amener
ce dernier en face des coulisses croisées, pour lui permettre de pénétrer dans son logement, et laisser alors le
chien remonter *lentement*, sous l'action du ressort à boudin;

6° Introduire l'extracteur sur la tête mobile ; saisir
ces deux pièces avec le pouce et les deux premiers doigts
de la main droite, le médius appuyant sur le plan incliné de
la branche supérieure de l'extracteur, pour la maintenir à
fond dans son logement ; engager le collet de la tête mobile dans le cylindre, la pointe du percuteur pénétrant
dans son canal, et faire tourner la tête mobile pour amener son renfort dans le prolongement du renfort du chien.

La culasse mobile est ainsi à l'abattu (fig. 6) ;

7° Saisir la culasse mobile avec les deux mains, la main
gauche embrassant le cylindre, et la main droite le corps
du chien, le premier doigt dans la gorge ; faire alors
effort en sens inverse avec les deux mains et conduire,
en tournant, le coin d'arrêt au cran de l'armé (fig. 5) ;

8° Engager la culasse mobile dans la boîte de culasse, comme pour le fusil modèle 1866.

Lorsque la culasse mobile est introduite, serrer à fond la vis-arrêtoir.

Le démontage s'opère, en sens inverse, de la manière suivante : Après avoir dévissé la vis-arrêtoir de trois filets, retirer la culasse mobile de la boîte de culasse, conduire le chien à l'abattu ; enlever la tête mobile et séparer l'extracteur, qui se dégage facilement.

Puis, après avoir placé les deux fentes de repère du chien et du manchon dans le prolongement l'une de l'autre, appuyer fortement (comme pour le montage) la pointe du percuteur sur un corps dur, pour faire sortir les ailettes du manchon de leur logement et les dégager du T du percuteur. Laisser le ressort se détendre librement et séparer ensuite le cylindre, le ressort et le percuteur.

Fonctionnement du mécanisme. Manœuvre de l'arme. — La culasse mobile étant montée sur la boîte de culasse, examinons la manœuvre de l'arme et le fonctionnement du mécanisme.

La force du ressort à boudin ne permettant pas d'armer facilement avec le pouce, la manœuvre s'exécute en quatre temps :

1° Ouvrir le tonnerre ;

2° Prendre une cartouche et l'introduire dans le canon ;

3° Fermer le tonnerre ;

4° Agir sur la détente, pour faire feu.

1° *Ouvrir le tonnerre.* — Pour ouvrir le tonnerre, il faut tourner franchement le levier de droite à gauche et retirer sans brusquerie la culasse mobile en arrière, jusqu'à ce que la tête mobile soit arrêtée par la vis-arrêtoir. L'exécution de ce mouvement a en même temps pour résultat d'armer et d'expulser l'étui de la cartouche précédemment tirée.

Il se produit ainsi plusieurs effets mécaniques distincts : En relevant le levier, le cylindre tourne indépendamment des autres pièces, et dans ce mouvement de rotation, la rampe hélicoïdale du cylindre vient agir contre la rampe du chien. Mais le chien, s'appliquant par son coude sur le côté gauche de la boîte de culasse, ne peut suivre le mouvement de rotation du cylindre, et la pression oblique qu'il reçoit de la rampe hélicoïdale se traduit par un *mouvement de recul* de cette pièce, laquelle fait en même temps reculer le manchon et le percuteur, en comprimant le ressort à boudin d'une quantité égale à la saillie du coin d'arrêt (11 millimètres).

Le coin d'arrêt tombe alors dans le cran de l'armé, et les trois renforts sont dans le prolongement l'un de l'autre.

De plus, la rainure latérale du cylindre, glissant sur l'extrémité de la tige de la vis-arrêtoir, le cylindre prend lui-même, par rapport à la vis-arrêtoir et à la boîte de culasse, un mouvement rétrograde assez sensible (4 millimètres environ).

D'un autre côté, le bouton du cylindre venant engrener dans la tête mobile, celle-ci se trouve entraînée par le cylindre, ainsi que l'extracteur, qui ramène l'étui vide de la cartouche. En raison de ce mouvement, qui s'opère lentement, l'étui de la cartouche, qui est saisi par la griffe de l'extracteur, se détache de la chambre, et, cessant d'y adhérer, il ne cause plus dès lors aucune difficulté pour l'extraction.

Le chien a donc un double mouvement rétrograde, par rapport à la boîte de culasse : celui qui provient de l'armé automatique par la rampe hélicoïdale et celui qui provient du recul que prend le cylindre. Par suite de cette double action, le chien recule suffisamment pour dépasser la tête de gâchette, qui a successivement glissé sur les deux plans inclinés de la partie inférieure du chien.

Le levier étant alors relevé, on ramène la culasse mobile en arrière, jusqu'à ce que la vis-arrêtoir bute contre l'extrémité de la rainure latérale qui se trouve sur la tête mobile, et l'étui de la cartouche est entraîné sans difficulté par la griffe de l'extracteur. Cet étui vient buter par sa partie inférieure contre la vis-éjecteur et, attiré à la partie supérieure par la griffe de l'extracteur, il pivote autour de la vis-éjecteur, se dégage et est projeté au dehors de la boîte de culasse.

2° *Prendre une cartouche et l'introduire dans le canon.*

3° *Fermer le tonnerre.* — Pour fermer le tonnerre, il faut pousser la culasse mobile en avant et tourner franchement le levier pour le rabattre bien complétement à droite. Les effets qui se produisent dans ce mouvement sont les suivants : Pendant le mouvement en avant de la culasse mobile, le devant de la griffe de l'extracteur pousse la cartouche dans la chambre, si elle n'y est déjà complétement introduite. La rampe de la fente latérale du cylindre rencontre bientôt la vis-arrêtoir (fig. 8), et le cylindre ne peut plus dès lors avancer qu'à la condition de tourner, condition indispensable pour la sécurité du tireur. Les diverses pièces du mécanisme occupent alors les positions relatives qui sont indiquées (fig. 4).

Dans la première partie de la rotation à droite, le coin d'arrêt se dégage du cran de l'armé et se porte en avant, jusqu'à ce que le chien soit arrêté par la tête de gâchette. Le chien prenant alors un point d'appui sur la tête de gâchette, le cylindre, qui tend à se rapprocher de lui sous l'action du ressort à boudin, vient appuyer par son renfort sur le rempart de la boîte de culasse. En continuant le mouvement de rotation, le cylindre avance en achevant de bander le ressort, l'entaille du cylindre se met en présence du coin d'arrêt du chien et la tête mobile est poussée à fond.

Les branches de l'extracteur, ayant pénétré dans leur logement, maintiennent la tête mobile dans sa direction, et le bouton du cylindre l'abandonne en tournant. De plus, la branche supérieure de l'extracteur glisse sur le plan incliné supérieur de ce logement et se bande légèrement ; enfin, la griffe de la branche inférieure, franchissant le bourrelet de la cartouche, vient reposer sur la partie inclinée de ce logement pratiqué sur le canon.

4° *Agir sur la détente pour faire feu.* — En agissant sur la détente, la tête de gâchette, qui maintient le chien à l'armé, se dégage au point de ne plus faire saillie dans la boîte de culasse ; le chien devenant libre, le ressort à boudin agit sur le percuteur qui entraîne le manchon et le chien. La pointe du percuteur, dépassant à l'abattu la tranche de la tête mobile (fig. 16), atteint l'amorce et détermine l'inflammation de la cartouche.

Le coup parti, la manœuvre recommence comme il vient d'être indiqué.

Cran de sûreté. — Supposons que le soldat, ayant introduit une cartouche dans le canon, ne doive pas faire feu immédiatement ; il ouvrira le tonnerre et remettra alors la cartouche dans sa giberne.

Les armes qui ont servi aux expériences dans les corps de troupes étaient munies d'un appareil ou système de sûreté, destiné à enrayer le mécanisme dans une position particulière et à s'opposer ainsi au départ du chien, alors même que l'on presserait sur la détente. Mais, à la suite des expériences et sur l'avis émis par les corps et par la haute Commission, la nécessité d'un appareil de ce genre n'ayant pas paru démontrée, il a été abandonné.

Toutefois, un certain nombre d'officiers ont exprimé le désir que le soldat, bien que ne devant pas faire feu immédiatement, pût néanmoins, dans quelques cas exceptionnels, conserver son arme chargée, sans cependant laisser le chien à la position du bandé.

Il a été facile de répondre à ce désir au moyen d'un simple cran pratiqué sur le chien, dans une position convenablement choisie : c'est le cran de sûreté. Ce cran sert en même temps de cran de repos pour le ressort-gâchette, et c'est là son usage le plus habituel.

Il y a deux manières de mettre le chien au cran de sûreté, suivant qu'il est préalablement à l'abattu ou au bandé.

Pour faire passer le chien de l'abattu au cran de sûreté, il suffit de relever le levier jusqu'à ce que l'on entende la tête de gâchette tomber dans le premier cran.

Dans le cas où l'arme est chargée et le chien au bandé, il faut amener le renfort du cylindre dans le prolongement du pan droit de la boîte de culasse, puis placer la main gauche sous la boîte de culasse, les doigts sous le levier pour l'empêcher de se rabattre complétement à droite ; appuyer légèrement sur la détente avec le premier doigt de la main droite et accompagner le chien en le retenant avec le pouce, de manière qu'en abandonnant la détente, la tête de gâchette tombe dans le premier cran et y soit arrêtée.

Le chien étant au cran de sûreté, pour faire feu, il faut mettre le chien au cran du bandé, en relevant franchement le levier pour faire passer entièrement le chien derrière la tête de gâchette et le rabattre ensuite à droite. Le chien étant au cran de sûreté, pour le mettre à l'abattu, il suffit de presser sur la détente et d'achever de rabattre le levier à droite, s'il ne l'était déjà ou s'il ne s'est pas complétement rabattu par l'effet de la pression du coin d'arrêt sur la rampe hélicoïdale du cylindre.

La position du cran de sûreté est déterminée de telle manière que l'arme étant chargée, si l'on provoque le départ du chien de cette position, il n'ait à parcourir qu'une distance de 1^{mm},5 environ pour atteindre l'amorce de la cartouche, course (¹) d'autant plus insuffisante pour faire détoner la capsule que le ressort n'est pas entièrement bandé.

Appareil de hausse (fig. 3). — L'appareil de hausse dont est pourvu le fusil d'infanterie modèle 1874 se compose d'un pied de hausse qui est brasé sur le canon et dans lequel est encastré un ressort. Sur ce pied est fixée à charnière une planche de hausse, graduée, sur laquelle

---

(¹) Cette course est de 11^{mm},5 lorsque le chien est au bandé.

glisse, à frottement doux, un curseur mobile pour le tir aux distances supérieures à 300 mètres ; le curseur est à rallonge. Le frottement nécessaire pour maintenir le curseur en place, dans le tir, est obtenu à l'aide d'un petit ressort interposé entre la planche et le curseur. Un arrêtoir, placé à la partie supérieure de la planche, guide le curseur et en limite le mouvement. La planche de hausse, munie de son curseur, peut être soit levée, soit rabattue en avant ou en arrière ; le ressort du pied assure la fixité dans l'une de ces trois positions.

Le talon de la planche donne le cran de mire de 200 mètres, la planche étant rabattue en avant ; un cran de mire, pratiqué dans la pièce-arrêtoir, correspond dans la position naturelle de la planche, à la distance de 300 mètres.

A partir de cette distance, il faut lever la planche qui porte les crans de mire de 350 mètres (cran inférieur) et de 1 300 mètres (cran supérieur). Sur les deux côtés de la planche sont marqués les traits indicateurs du tir, pour les distances variant de 25 mètres en 25 mètres ; la graduation va de 400 à 1 200 mètres sur le côté gauche, et de 1 400 à 1 800 mètres sur le côté droit.

Dans le curseur à rallonge, on a pratiqué deux crans : l'un à la partie inférieure, qui sert pour les distances de 400 à 1 200 mètres (graduation du côté gauche de la planche), et l'autre à la partie supérieure, qui sert pour les distances de 1 400 à 1 800 mètres (graduation du côté droit de la planche).

D'après cela, on voit que l'arme comporte quatre lignes de mire fixes :

Ligne de mire de	200ᵐ	planche rabattue en avant,	cran du talon de la planche.
Idem	300ᵐ	planche rabattue en arrière.	cran de l'arrêtoir.
Idem	350ᵐ	planche levée. curseur levé.	cran inférieur de la fente de la planche.
Idem	1 300ᵐ	planche levée. curseur levé.	cran supérieur de la fente de la planche.

Indépendamment de ces quatre lignes de mire, on peut encore remarquer les trois suivantes, qui sont fournies par les positions limites du curseur :

Ligne de mire de 400^m	planche levée. curseur abaissé.	cran inférieur du curseur.
Idem 1 400^m	planche levée. curseur abaissé.	cran supérieur du curseur.
Idem 1 800^m	planche levée, curseur levé,	cran supérieur du curseur.

La planche et le curseur ont donc une hauteur suffisante pour permettre de tirer jusqu'à une distance de 1 800 mètres.

Il convient de faire observer que la graduation de 25 en 25 mètres a dû être interrompue entre les distances de 1 200, 1 300 et 1 400 mètres, pour des motifs de construction inhérents aux hausses de ce modèle. On remarquera, en outre, que certains crans de mire de la planche et du curseur sont placés un peu à gauche du plan du tir (quantité variable pour chaque cran). Cette disposition a été prise afin de corriger la déviation latérale due à la dissymétrie de l'arme (voir page 36).

Monture, garnitures (fig. 1, 4, 20). — La monture du fusil modèle 1874 n'offre rien de particulier; elle est identique à celle du fusil modèle 1866.

Les garnitures sont également les mêmes que celles du modèle 1866, il n'y a d'exception que pour la baguette et le pontet.

Dans les expériences qui ont eu lieu dans les corps de troupes, on a reconnu que la baguette, qui était maintenue comme celle du fusil modèle 1866, s'échappait souvent de son canal par l'effet du tir. Cet accident, qui ne se présente que rarement avec le fusil modèle 1866, est dû à l'augmentation de la vitesse initiale de la balle et, par suite, à celle du recul de l'arme.

On a dû alors chercher à fixer plus solidement la baguette et l'on y est parvenu en la vissant dans un taquet-écrou qui a été ajouté à l'extrémité de la feuille antérieure du pontet. De plus, on a pratiqué une fente transversale dans la tête de la baguette, pour y permettre l'introduction d'une lame de tourne-vis et faciliter ainsi le vissage ou le dévissage, s'il y a lieu.

La tête de la baguette présente, en outre, un trou fraisé à la partie supérieure pour le démontage ou le remontage de la culasse mobile.

Enfin, l'épaulement de la baguette ayant été supprimé, on a pu resserrer légèrement l'entonnoir de l'embouchoir, ce qui facilite la fabrication de cette pièce.

Épée-baïonnette (fig. 2). — L'épée-baïonnette, avec fourreau en tôle d'acier, a été adoptée dans le but de diminuer le poids total de l'arme et d'alléger ainsi le soldat, et aussi afin de faciliter, le cas échéant, le tir de l'arme avec la baïonnette au bout du canon.

L'épée-baïonnette comprend trois parties : la lame, la monture et le fourreau. La monture se subdivise elle-même en deux parties : la poignée et la croisière. Sur la poignée qui est garnie de deux plaquettes en noyer, se trouvent fixés le poussoir et son ressort, qui servent à maintenir l'épée-baïonnette au bout du canon.

La croisière porte d'un côté la douille, dans laquelle on engage le bout du canon et le quillon qui sert à former les faisceaux. Le fourreau, en tôle d'acier, est bronzé ; deux battes rivées à l'intérieur du corps maintiennent la lame. Le pontet sert à fixer l'épée-baïonnette au ceinturon du soldat.

Accessoires. — Chaque soldat est pourvu d'un *jeu d'accessoires*, comprenant un *nécessaire d'armes* et un *lavoir en laiton*.

Le *nécessaire d'armes* se compose de cinq pièces : la *boîte*, l'*huilier*, la *lame du tourne-vis*, la *spatule-curette*, la *trousse en drap*. Indépendamment de ces accessoires, le soldat doit avoir, en outre, les objets ordinairement employés pour le nettoyage et le graissage des armes.

Cartouche (fig. 21, 22 et 23). — La cartouche métallique étudiée par la Commission de Vincennes et adoptée pour toutes les armes modèle 1874, se compose de quatre parties principales, savoir : l'*étui à poudre*, l'*amorce*, avec son *couvre-amorce* le *lubrificateur* et la *balle*.

Étui à poudre. — L'étui à poudre a été établi de manière à contenir $5^{gr},25$ de poudre à fusil (F_1); il est en laiton, à bourrelet massif, et recourbé deux fois au culot pour former l'enclume. A la partie inférieure se trouve le logement de l'amorce et du couvre-amorce. Le fond de l'étui ou culot est percé de deux évents, pour la transmission du feu de l'amorce à la poudre.

L'*amorce* est une capsule en cuivre rouge, chargée de fulminate; le *couvre-amorce* en laiton est destiné à maintenir l'amorce dans son logement.

Le *lubrificateur*, qui sépare, dans l'étui, la balle de la poudre, se compose d'une rondelle en feutre gras, comprise entre deux rondelles de carton mince ($0^{mm},6$ d'épaisseur).

La *balle*, en plomb pur comprimé, est enveloppée de papier parcheminé, préalablement découpé en losange; le papier est enroulé de gauche à droite.

La provenance de l'étui de la cartouche, ainsi que l'époque de la fabrication et l'indication des diverses réfections de l'étui, sont poinçonnées sur le culot de la cartouche.

Les cartouches sont empaquetées par paquets de 6, les balles alternant avec les bourrelets, les cartouches isolées les unes des autres par une feuille de papier qui les contourne successivement.

L'enveloppe consiste en papier fort lié avec une ficelle.

DIMENSIONS MOYENNES DES DIVERS ÉLÉMENTS DE LA CARTOUCHE.

Étui.

		millim.
Hauteur du bourrelet		2,15
Longueur du	1er tronc de cône	36,5
(non compris le bourrelet	2e —	7,00
	3e —	13,80
Longueur totale de l'étui		59,45
Saillie de la balle au dehors de l'étui		16,55
Longueur totale de la cartouche		76,00

millim.

Diamètre du bourrelet. 16,8

—   de la petite base du bourrelet 13,5

—   du 1er tronc de cône { grande base. 13,75

                  { petite   base } 13,4

—   du 2e tronc de cône { grande base }

                  { petite   base } 11,85

—   du 3e tronc de cône { grande base }

                  { petite   base. 11,75

Poids de l'étui . . . . 12^{gr},9

Amorce.

Diamètre . . . . 4^{mm},00

Hauteur. . . . . 2^{mm},00

Couvre-amorce.

Diamètre . . . . 6^{mm},35

Hauteur. . . . . 2^{mm},5

Balle.

Diamètre à la base . . . . 11^{mm}

Longueur . . . . 27^{mm}

Poids . . . . 25^{gr}

Lubrificateur.

Diamètre des rondelles. . . . . 11^{mm},1

Épaisseur . { Rondelles de carton. . . . . 0^{mm},6

          { Rondelles de feutre. . . . . 4^{mm},0

Poids de la poudre (F,). . . . . 5^{gr},25

Poids total de la cartouche. . . . . 43^{gr},8

Poids d'un paquet de 6 cartouches . . . . 272^{gr},00

CARABINE DE CAVALERIE ET MOUSQUETON D'ARTILLERIE
MODÈLE 1874.

Dans les armes du modèle 1874, les différences qui distinguent la carabine et le mousqueton du fusil sont les mêmes que dans les armes du modèle 1866. De même que pour la construction générale du fusil 1874 on a employé les éléments généraux du fusil 1866, de même aussi pour les carabines et mousquetons 1874, on a conservé les types généraux des armes similaires du modèle 1866.

Le levier, qui est recourbé pour des raisons de service, distingue, seul, le mécanisme de la carabine et du mousqueton de celui du fusil (fig. 27).

Des raisons de tir ont obligé de surélever le guidon de la carabine de cavalerie; il a fallu, par suite, modifier l'embouchoir à sa bande supérieure, pour permettre le passage de cette boucle sur le guidon.

Avec la carabine et le mousqueton, la vitesse initiale étant un peu moindre et le poids de la baguette un peu plus faible que dans le fusil, on a pu se dispenser de visser la baguette et lui conserver son ancien mode de maintien.

FUSIL MODÈLE 1866-1874.

La transformation des fusils modèle 1866 en fusils modèle 1866-1874 comprend cinq séries d'opérations, qui ont pour objet :

1º La transformation du canon ;

2º La transformation du mécanisme de fermeture ;

3º La transformation des garnitures ;

4º La transformation de l'appareil de pointage ;

5º La substitution de l'épée-baïonnette au sabre-baïonnette.

Transformation du canon. — Cette opération, qui a pour but de reporter la chambre de la cartouche vers l'extrémité postérieure du bouton fileté, s'exécute en tubant le canon vers cette région et seulement sur la longueur strictement indispensable.

Pour tuber un canon, on alèse préalablement la chambre suivant une surface simple, telle qu'un cylindre, un cône ou même, à la rigueur, une surface composée de cônes ou de cylindres. On fait ensuite un *tube* ou petit canon, qui est foré au calibre du premier et dont le profil extérieur est le même que celui d'après lequel on a alésé le canon à tuber. On introduit ce tube dans le logement et l'on prend les précautions nécessaires pour que la réunion des deux pièces qui doivent constituer le nouveau canon soit aussi intime que possible.

Dans le cas particulier qui nous occupe ici, les dispositions qui ont été adoptées sont les suivantes : le tube, foré au calibre de 11^{mm}, est un tronc de cône de 10^{mm} de longueur et dont les diamètres extrêmes ont 19^{mm},1 et 16^{mm},1.

Les génératrices ont ainsi une inclinaison sur l'axe de 15^{mm} par mètre. Cette forme et ces dimensions ont été choisies, soit pour des raisons de fabrication, soit afin de laisser au tube et à la portion du canon qui doit l'envelopper une épaisseur suffisante en chacun des points.

De plus, on réserve vers la grande base du tube deux élévations, ou ailettes, diamétralement opposées, ce qui donne à ce tube la forme générale d'une boîte de roue de voiture (fig. 25).

Le logement du tube, dans le canon, est fait à la demande de ce tube, et deux entailles sont pratiquées à la partie postérieure du bouton fileté pour recevoir les ailettes (fig. 24). L'introduction du tube dans son logement peut se faire soit à chaud, soit à froid ; l'ajustage doit être tel que, lorsque le tube est en place, il éprouve un léger serrage dans son logement, les ailettes affleurant la tranche postérieure du bouton fileté, et l'extrémité antérieure du tube butant contre le fond du logement. Dans ces conditions, le tube ne pourra ni se porter en avant, ni tourner dans son logement (fig. 26).

On pratique alors, dans le canon ainsi tubé, la chambre et l'aminci, comme sur un canon modèle 1874, et la chambre de la cartouche est ensuite raccordée avec l'âme du canon, ainsi qu'il sera dit plus loin.

Enfin, on visse à fond le canon dans la boîte de culasse et le tube s'applique alors par ses deux ailettes contre la tranche intérieure de l'écrou de la boîte de culasse ; le tube se trouve ainsi emprisonné entre le canon et la boîte de culasse et ne peut ni avancer, ni reculer, ni tourner ;

il est donc absolument solidaire de l'ensemble du canon
et de la boîte de culasse.

Il convient de faire dès maintenant certaines observations relativement au tubage du canon. Cette opération,
quel que soit le procédé employé, est toujours d'une exécution assez délicate lorsqu'il faut la mettre en pratique
sur une grande échelle, et l'on doit d'autant plus prévoir
les imperfections de la fabrication que les difficultés que
l'on peut rencontrer dans la vérification sont plus sérieuses. Il faut donc que le dispositif du tubage soit tel que les
erreurs ou imperfections de fabrication se trouvent naturellement atténuées. A ce point de vue, le procédé adopté
paraît offrir de véritables garanties : il est d'une exécution
facile, les surfaces en contact sont simples et d'une fabrication mécanique commode ; leur ajustage peut se faire
avec précision, il peut même comporter quelques tolérances, qu'on ne pourrait admettre avec certains autres procédés, tels que ceux dans lesquels le tube n'est unique-
ment maintenu en place que par le serrage plus ou moins
énergique qu'il éprouve dans son logement.

Lorsqu'on a pratiqué dans le tube la chambre de la cartouche modèle 1874, suivant le tracé indiqué pour le fusil
neuf, il reste entre cette chambre et l'extrémité du tube
une longueur de 27^{mm} environ, qui doit être disposée de
manière à former le raccordement de la chambre avec
l'âme du canon. On s'est d'abord demandé s'il était indispensable, pour obtenir, avec les armes transformées,
un tir comparable à celui que fournissent les armes
neuves, de prolonger les rayures le long du tube, de
manière à rendre l'intérieur du canon identique à celui
du fusil modèle 1874. De nombreuses expériences faites
à diverses époques permettaient, en effet, d'espérer que ce
travail, dans lequel on rencontre certaines difficultés d'exécution, n'était pas nécessaire ; on fit dès lors de nouveaux
essais comparatifs qui servirent en même temps à déterminer la forme et les dimensions les plus favorables qu'il
convenait de donner au raccordement.

On constata que, sans altérer la précision du tir, on pouvait se dispenser de prolonger les rayures dans le tube et qu'en donnant à la partie lisse qui sépare la balle de l'entrée des rayures, un diamètre de $11^{mm},1$ à $11^{mm},2$ (diamètre intermédiaire entre ceux du canon pris sur les pleins, $11^{mm},0$, ou sur les vides, $11^{mm},6$), on obtenait des résultats *au moins égaux* à ceux que fournit le fusil modèle 1874.

En conséquence, la chambre du fusil transformé est raccordée avec l'âme par une partie cylindrique du calibre de $11^{mm},15$ (fig. 27).

Transformation du mécanisme de fermeture. — Pour approprier le fusil modèle 1866 au tir de la cartouche modèle 1874, les armes neuves et les armes transformées devant être aussi identiques que possible, il est indispensable, après avoir tubé le canon, de substituer une culasse mobile complète, modèle 1874, à la culasse mobile primitive. Il faut, par suite, apporter à la boîte de culasse les modifications de détail qui sont nécessaires pour permettre l'introduction et le jeu de la nouvelle culasse mobile.

Ces modifications sont les suivantes :

1° Aléser la boîte de culasse et retailler les différentes faces de la fente supérieure et de l'échancrure (1), pratiquer le logement de l'extracteur et fixer la vis-éjecteur ;

2° Reculer le ressort-gâchette de 9^{mm}, afin de lui donner la même position que dans le fusil modèle 1874 ;

3° Donner à la détente le même profil qu'à la détente du fusil modèle 1874.

Transformation de la monture et des garnitures. — Les seules modifications que les garnitures doivent recevoir ne concernent que le pontet et la baguette et ont pour but de fixer convenablement la baguette, en la vissant, comme

---

(1) Plusieurs des dimensions du mécanisme ont été nécessairement commandées par celles de la boîte de culasse modèle 1866. On a dû en outre régulariser, pour la transformation, certaines dimensions dont l'exactitude, qui n'avait qu'une importance secondaire dans le fusil modèle 1866, est devenue absolument indispensable avec les armes à cartouche métallique.

dans le fusil modèle 1874, ce qui l'empêche de sortir de son canal pendant le tir.

A cet effet, on ajuste à queue d'aronde un taquet-écrou vers l'extrémité de la feuille antérieure du pontet et l'on assujettit l'assemblage par une brasure. On fait sur la monture le logement qui correspond à ce taquet-écrou et on prolonge le canal de la baguette, de manière qu'il vienne déboucher dans l'écrou du taquet. La baguette reçoit, comme la baguette du fusil modèle 1874, une fente transversale vers la tête, pour permettre l'introduction d'une lame de tournevis et un trou fraisé, sur la tête, pour servir au démontage et au remontage de la culasse mobile.

Transformation de l'appareil de pointage. — Les hausses des fusils modèle 1866 ont déjà reçu une première modification lorsqu'on a substitué au curseur ordinaire un curseur à rallonge qui permet de faire facilement usage de l'arme jusqu'à la distance de 1 600 mètres. En supposant que les hausses soient munies du curseur à rallonge, il faut de nouveau les modifier, pour approprier l'arme au tir de la nouvelle cartouche.

Afin de mieux faire apprécier la nature de ces modifications, on fera d'abord remarquer que, en raison de la dissymétrie de l'arme, les crans de mire de la hausse du fusil modèle 1874 ont été reportés vers la gauche, ce qui a nécessité une planche de hausse plus large que celle du fusil modèle 1866. Mais un déplacement analogue ne pouvait être complètement exécuté sur les curseurs des armes transformées, dont la planche de hausse n'a qu'une largeur insuffisante. On a dû, en conséquence, déplacer le guidon vers la droite, d'une quantité telle que la correction nécessaire n'exigeât plus qu'un déplacement peu considérable de chacun des crans de mire (¹). A cet effet, on

---

(¹) Avec les armes dont le mécanisme de fermeture n'est pas symétrique par rapport au plan de tir, il se produit en général une déviation angulaire initiale, dont l'étendue et le sens dépendent de plusieurs éléments, notamment de la vitesse initiale de la balle et de la longueur du canon. Ainsi cette déviation varie-t-elle avec

rase l'ancien guidon et une partie de son embase ; on pratique, dans la partie conservée de l'embase, une entaille à queue d'aronde, dans laquelle on engage un guidon mobile plus élevé que l'ancien et que l'on fixe, par une brasure à l'étain, à $0^{mm},8$ du plan vertical passant par l'axe du canon.

En ce qui concerne spécialement la hausse, que l'on a cherché à identifier, autant que possible, avec celle de l'arme neuve, on fait d'abord disparaître l'ancienne graduation, qui ne correspond plus au tir de la cartouche métallique adoptée et on la remplace par une nouvelle ; puis on modifie le mode de maintien du curseur à rallonge sur la planche mobile, ce qui exige l'addition d'un ressort de curseur et d'un arrêtoir avec sa vis. Enfin, on enlève les gradins, dont l'emploi présente quelques inconvénients avec les curseurs à rallonge, et on conserve seulement, en saillie sur le pied, des rebords assez élevés pour protéger la planche de hausse, lorsqu'elle est rabattue sur son pied.

Indépendamment de cette différence que la hausse du

les divers modèles d'armes d'un même système, comme il a été constaté pour les armes modèle 1866 (fusil, carabine, mousqueton).

Pour ramener autant que possible, avec chacune des lignes de mire, le groupement des coups au point visé, il est nécessaire de déplacer latéralement soit le guidon, soit les divers crans de mire, d'une quantité qui ne peut être fixée que par l'expérience. Mais, afin de diminuer la correction que l'on doit faire subir à l'appareil de hausse, on dispose le sens des rayures de manière que l'effet produit par la dérivation soit contraire à celui de la déviation angulaire initiale, et l'on obtient déjà ainsi une sorte de compensation partielle.

C'est par suite de ces considérations que, dans le fusil et dans la carabine modèle 1871, les rayures sont dirigées de droite à gauche, tandis que dans le mousqueton d'artillerie du même modèle elles le sont de gauche à droite.

L'arme du système 1871, qui n'aurait pas, latéralement, de déviation angulaire initiale serait une arme intermédiaire entre la carabine et le mousqueton. Les quantités dont le guidon ou les divers crans de mire ont dû être déplacés dans le fusil modèle 1871 et dans le fusil modèle 1866-1874 ont été déterminées expérimentalement par la Commission de Vincennes et sont indiqués dans le tableau suivant :

ARMES.		DÉPLACEMENT DE			
	GUIDONS.	cran du pied de la planche.	cran de l'arrêtoir.	cran inférieur de la planche.	cran inférieur du curseur.
	millim.	millim.	millim.	millim.	millim.
Fusil modèle 1871	0	1.7 G	1.3 G	3.2 G	0.8 G
Fusil modèle 1866-1871	0.8 D	0.9 G	0.5 G	0.5 G	0

fusil transformé présente avec celle du fusil neuf, il convient d'en signaler une autre qui est relative à la graduation : par suite des dimensions en hauteur de la planche et du curseur à rallonge, le cran de mire du sommet de la planche (curseur levé) correspond à la distance de 1 200 mètres au lieu de 1 300 mètres, et celui du sommet du curseur aux distances de 1 300 ou de 1 700 mètres, suivant qu'il est entièrement baissé ou levé, — au lieu de 1 400 mètres et 1 800 mètres.

La limite de la graduation et, par suite, de l'emploi de l'arme correspond donc à la distance de 1 700 mètres.

CARABINE DE CAVALERIE ET MOUSQUETON D'ARTILLERIE
(MODÈLE 1866-1874).

Les modifications que les carabines de cavalerie et mousquetons d'artillerie modèle 1866 doivent recevoir pour être transformées sont analogues à celles qui viennent d'être décrites pour le fusil. — On exécute le tubage du canon de la même manière et on remplace la culasse mobile modèle 1866 par la culasse mobile correspondante du nouveau modèle.

Le guidon qui, sur les carabines modèle 1866, était placé à 1^{mm} à gauche du plan de tir, est reporté à 1^{mm} à droite sur les carabines transformées ; il est également surélevé ; l'opération se fait comme pour le fusil.

La hausse reçoit une nouvelle graduation et permet le tir jusqu'à la distance de 1 100 mètres. Enfin, on coupe la bande supérieure de l'embouchoir des carabines, afin que ce dernier puisse passer par-dessus le guidon lorsqu'on veut démonter l'arme.

Dans les mousquetons d'artillerie modèle 1866, le guidon était placé à 2^{mm} à gauche du plan de tir. — En les transformant, on reporte ce guidon à 2^{mm} à droite de sa position primitive et il se trouve alors exactement placé dans le plan de tir.

La nouvelle graduation de la hausse va jusqu'à la distance de 1 250 mètres.

***

CONSIDÉRATIONS BALISTIQUES.

Par suite des nouvelles bases qui ont servi à l'établissement des fusils, carabines et mousquetons modèle 1874 et modèle 1866-1874, la vitesse initiale imprimée à la balle est plus considérable avec chacune de ces armes qu'avec les armes correspondantes du modèle 1866. Le tableau suivant fait ressortir la différence qui existe entre ces vitesses :

Tableau n° 1. — *Vitesses initiales* (¹).

ARMES.	MODÈLE 1866.	MODÈLE 1874.
	mètres.	mètres.
Fusil	420	450
Carabine	405	435
Mousqueton	390	415

Il résulte naturellement de cette augmentation de vitesse initiale une augmentation de portée et de tension de la trajectoire que l'on a pu obtenir, sans que l'accroissement de recul des armes soit cependant devenu trop sensible.

La rapidité de tir, plus grande que celle des armes modèle 1866, est celle que l'on obtient en général avec les armes dans lesquelles le mouvement d'armer se produit automatiquement.

La justesse de tir est également augmentée ; elle est du même degré que celle dont sont susceptibles les armes de guerre de petit calibre, tirant une cartouche métallique dans des conditions analogues (balle de 25 grammes lancée avec une vitesse initiale de 420 à 450 mètres).

Dans les tableaux qui suivent, on indique les différents éléments du tir du fusil modèle 1874.

***

(¹) Lorsqu'on détermine ces vitesses, la disposition des cadres-cibles est telle que l'on n'obtient que les vitesses à une distance déterminée, généralement 25 mètres, de la bouche du canon.

Avec le fusil modèle 1874, $V_{25} = 430$ mètres environ, et de ce résultat on déduit la vitesse initiale au moyen d'une correction théorique. De plus, les conditions de réception des poudres tolèrent un écart de huit mètres entre les vitesses extrêmes (4 mètres en plus ou en moins).

TABLES DE TIR DU FUSIL MODÈLE 1874.

HAUTEURS DE LA TRAJECTOIRE AU-DESSUS DE LA LIGNE DE MIRE.

Tableau n° 2.

AUX DISTANCES DE...	25m	50m	75m	100m	125m	150m	175m	200m	225m	250m	275m	300m	325m	350m	375m	400m	450m	500m
Avec la ligne de mire de 200m	0m,11	0m,25	0m,32	0m,33	0m,35	0m,28	0,17	0	-0m,23	-0m,53	-0m,89	-1m,28		-2m,34		-3m,57		
Avec la ligne de mire de 300m	0,21	0,45	0,57	0,77	0,83			0m,82	0,74	0,61	0m,36	0	-0m,40	-0,85	-1m,34	-1,88		
Avec la ligne de mire de 400m	0,47	0,70	1,02	1,21	1,17	1,60	1,75	1,78	1,79	1,73	1,59	1,40	1,21	0,78	0,44	0	-1m,00	-2m,61

Tableau n° 3.

Avec les lignes de mire de	100m	200m	300m	400m	500m	600m	700m	800m	900m	1,000m	1,100m	1,200m	1,300m	1,400m	1,500m	1,600m	1,700m	1,800m
200	0m,56	0	-1m,28															
300	0,77	0m,82	0	-1m,88														
400	1,24	1,78	1,40	0	-2m,03													
500	1,76	2,80	2,96	2,60	0	-3m,36												
600	2,02	3,52	4,73	4,36	2,91	0	-4m,03											
700	2,94	5,21	6,62	6,58	6,11	3,97	0	-5m,70										
800	3,70	6,67	8,77	9,85	9,63	8,26	5,00	0	-7m,05									
900	4,18	8,21	11,12	12,98	13,61	12,95	10,45	6,27	0	-8m,60								
1000	5,34	9,96	13,70	16,42	17,91	18,12	16,50	13,15	7,74	0	-10m,37							
1100	6,28	11,84	16,52	21,48	22,61	23,76	23,08	20,67	16,29	9,16	0	-12m,27						
1200	7,40	13,88	18,58	24,26	27,71	29,88	30,22	28,83	25,39	19,61	11,24	0	-14m,11					
1300	8,40	16,10	22,90	28,70	33,25	36,53	37,98	37,70	35,36	30,69	23,42	13,50	0	-16m,80				
1400	9,66	18,40	26,50	33,59	40,73	46,18	47,34	46,16	42,69	36,62	27,69	15,59	0	-19m,41				
1500	10,94	21,08	30,28	38,67	45,72	51,50	55,11	57,05	57,40	55,66	50,86	43,22	32,42	18,12	0	-22m,28		
1600	12,29	23,87	34,56	44,21	52,68	59,85	65,68	69,31	70,33	68,55	66,17	59,96	50,51	37,61	20,88	0	-25m,23	
1700	13,78	26,84	39,02	50,28	60,10	68,75	75,57	80,69	83,69	81,39	82,49	77,74	69,80	58,39	43,01	23,74	0	-28m,96
1800	15,39	30,06	43,84	56,64	68,45	78,50	86,84	93,69	98,17	100,18	100,19	97,04	90,72	80,91	67,275	49,19	27,36	0

NOTA. Ces tableaux ont été dressés en prenant les hausses pour point de départ. Aux grandes distances, la détermination exacte des hausses présente de sérieuses difficultés pratiques, en raison des influences accidentelles. Or, à une faible variation de hausse correspond, pour ces distances, une variation considérable des ordonnées maxima. Le degré d'approximation des résultats inscrits dans ces tableaux va donc en diminuant à mesure que la distance augmente.

TABLES DE TIR DU FUSIL MODÈLE 1874.

Tableau n° 4.

DISTANCES.	HAUSSES. Hauteur du cran de mire, au-dessus de la génératrice supérieure du canon.	TANGENTES des angles de mire.	ANGLES de tir.	ANGLES de chute.	ABAISSEMENTS.	ZONES dangereuses pour l'infanterie. H = 1m,70.	ZONES dangereuses pour la cavalerie. H = 2m,50.	DURÉES du trajet.	VITESSES tangentielles restantes.
mètres.	millimètres.	millièmes.	degrés.	degrés.	mètres.	mètres.	mètres.	secondes.	mètres.
0	·	— 3,910	0	0	0	·	·	0	450
100	·	— 0,730	0°10'36"	0°11'40"	0,31	·	·	0,24	391
200	7,5	2,960	0°23'24"	0°26'34"	1,36	·	·	0,51	343
300	10,7	7,018	0°37'35"	0°45'6"	3,27	130	190	0,81	310
400	13,6	11,662	0°53'31"	1°7'37"	6,22	86	127	1,15	281
500	17,1	16,870	1°11'25"	1°34'29"	10,58	62	91	1,52	257
600	21,1	22,680	1°31'25"	2°6'1"	15,95	46	68	1,92	237
700	25,6	29,130	1°53'32"	2°42'46"	23,12	36	53	2,36	220
800	30,5	36,258	2°18'1"	3°24'51"	32,13	28	42	2,83	205
900	35,9	41,492	2°44'36"	4°12'38"	43,21	23	34	3,33	192
1000	41,9	52,790	3°14'26"	5°6'24"	56,61	19	28	3,87	181
1100	48,5	62,030	3°46'37"	6°6'6"	72,61	16	23	4,44	171
1200	55,4	72,310	4°21'35"	7°12'3"	91,48	13	20	5,01	162
1300	63,0	83,398	4°59'2"	8°24'17"	113,53	11	17	5,68	154
1400	71,3	95,332	5°40'22"	9°42'40"	139,06	10	11	6,35	147
1500	80,2	108,338	6°24'23"	11°7'2"	168,42	9	13	7,05	141
1600	89,8	122,260	7°11'37"	12°36'11"	201,91	8	11	7,79	136
1700	100,2	137,190	8°2'7"	14°11'24"	239,98	7	10	8,56	131
1800	111,2	153,188	8°55'58"	15°50'32"	282,93	6	8	9,36	126

NOTA. — Ce tableau a été dressé par la Commission de tir de Versailles. Les formules dont elle a fait usage sont celles qui se trouvent indiquées dans l'ouvrage de M. le capitaine Jouffret, intitulé : *Établissement et usage des tables de tir* (voir *Revue d'artillerie*, tomes II et III, 1873-1874). Les durées du trajet de 100 en 100 mètres, entre 400 et 1 800 mètres, ont été déterminées directement par l'expérience. A cet effet, les observateurs, au nombre de deux, munis chacun d'un chronomètre à pointage, se plaçaient à égale distance du tireur et de la plaque de tir et notaient le temps qui s'écoulait entre les deux sons : celui du coup de fusil et celui que produisait la balle en frappant sur la plaque. En choisissant des temps calmes, on était dispensé par ce procédé de faire entrer la vitesse du son dans les calculs, puisque les deux sons n'arrivaient aux observateurs qu'après avoir éprouvé un retard qui était sensiblement le même pour chacun d'eux.

42 LES ARMES PORTATIVES

On peut déduire des tableaux qui précèdent et spécialement des tableaux n°ˢ 2 et 3, les corrections de tir qu'il y
a lieu de faire subir à la hausse et de pointage, suivant les
distances auxquelles on se trouve.

Mais, sur le champ de bataille, il est généralement bien
difficile de faire ces corrections ; le soldat est le plus souvent trop impressionné, aux petites distances surtout, pour
modifier la hausse d'après les circonstances. On peut, en
ce cas, employer avec avantage, ainsi qu'il a été constaté
par des expériences récentes (¹), la hausse de 300 mètres
pour le tir à toutes les distances jusqu'à 600 mètres. Le
cran de mire de 300 mètres a sur celui de 400 mètres l'a-
vantage de se trouver naturellement en place et de ne pas
exiger que le soldat pense à relever la planche de hausse.

On remarquera, en outre, qu'avec les carabines et
mousquetons modèle 1874 on obtient une vitesse initiale
comparable à celle que donne le fusil modèle 1866 ; le
tableau n° 6 des hausses indique un résultat analogue.

Afin de permettre la comparaison, au point de vue balistique, du fusil modèle 1874 avec les principaux modèles
d'armes adoptés par les différentes puissances de l'Europe, on a dressé le tableau ci-dessous, qui contient
les principaux éléments du tir de chacun de ces modèles :

Tableau n° 5.

MODÈLES		Calibre normal.	Poids de la balle.	Vitesse initiale.	OBSERVATIONS.
		mill.	gr.	mèt.	
France.	M 1874	11,0	25	150	
	M 1866	11,0	25	120	
Allemagne.	M 1871 (Mauser).	11,0	25	118	
Angleterre	M 1871 (Martini-Henry).	11,15	31,1	100	
Autriche.	M 1867 et 1873 (Werndl)	10,7	20,3	126	
	Idem	10,7	21	150	Avec la nouvelle cartouche.
Bavière.	M 1869 (Werder)	11,0	22	140	
	Idem	11,0	25	115	Avec la cartouche allemande.
Italie.	M 1870 Vetterli	10,4	20	125	
Russie.	M 1871 (Berdan n° 2)	10,7	24	135	

(¹) Expériences faites à l'École par le régiment d'infanterie.

L'examen de ce tableau donne lieu à quelques observations fort importantes.

On voit tout d'abord que la vitesse initiale imprimée à la balle avec le fusil modèle 1874 est au moins aussi grande que celle que l'on obtient avec l'un quelconque des autres modèles d'armes en service en Europe. On peut remarquer, en outre, qu'à l'exception de l'Angleterre et de l'Italie, qui ont adopté : la première, une arme du calibre de 11^{mm},43, lançant, avec une vitesse initiale de 400 mètres, une balle de 31^{gr},1, et la seconde, une arme du calibre de 10^{mm},4, lançant une balle de 20 grammes avec une vitesse initiale de 425 mètres, toutes les autres puissances ont adopté, comme la France en 1866, des armes dont le calibre est compris entre 10^{mm},7 et 11^{mm} et une balle de 24 à 25 grammes. Quant à la vitesse initiale, elle varie dans des limites assez restreintes (de 420 à 450 mètres).

Dans ces conditions, qui caractérisent l'état actuel des armes portatives en Europe, et qui résument dans leur ensemble les progrès accomplis jusqu'à ce jour, les résultats du tir ne peuvent différer notablement.

La tension de la trajectoire, la portée, la justesse, les zones dangereuses, les hausses réelles, et, en général, tous les résultats balistiques doivent être sensiblement les mêmes avec ces différentes armes. C'est-à-dire que toutes les puissances tendent aujourd'hui, avec les armes rayées se chargeant par la culasse, comme autrefois avec les armes à canon lisse, se chargeant par la bouche, vers une véritable unité d'armement *au point de vue balistique*.

Il est, du reste, facile de s'en convaincre par un examen attentif de la graduation des hausses des différents modèles d'armes.

C'est dans ce but qu'on a indiqué (tableau n° 6) les hausses des armes modèle 1874, ainsi que celles du fusil allemand modèle 1871 (système Mauser) qui, lors de l'adoption du fusil modèle 1874, était l'arme de guerre dont la création était la plus récente.

Tableau n° 6.   Hausses (tangentes des angles de mire).

Hausses des Distances en mètres.	FUSIL allemand modèle 1871. (Système Mauser.)	FUSIL modèle 1871.	CARABINE modèle 1866-1871.	MOUSQUETON modèle 1874.	MOUSQUETON modèle 1866-1871.	FUSIL modèle 1866.
	m. m. $L = 710$ $2R = 25,0$ $2r = 17,6$ $g = 7,8$	m. m. $L = 690$ $2R = 21,1$ $2r = 17,6$ $g = 8,9$	m. m. $L = 635$ $2R = 26,1$ $2r = 17,1$ $g = 9,0$	m. m. $L = 442$ $2R = 26,3$ $2r = 17,6$ $g = 7,45$	m. m. $L = 442$ $2R = 26,3$ $2r = 17,6$ $g = 7,9$	m. m. $L = 690$ $2R = 21,1$ $2r = 17,6$ $g = 6,5$
·	·	—3,910	—0,27	7,2	6,2	·
100	·	—9,730	·	11,05	10,10	·
200	7,6	2,900	7,0	12,85	11,90	·
300	11,1	7,018	11,115	14,70	13,85	·
400	13,5	11,662	15,82	19,17	18,22	·
500	19,2	16,870	21,13	21,20	23,25	25,21
600	25,1	22,680	27,06	29,90	28,95	31,60
700	32,2	29,130	33,625	36,30	35,35	38,55
800	39,7	36,258	40,84	42,42	42,17	46,37
900	47,9	43,102	48,72	51,3	50,35	51,49
1000	55,7	52,700	57,28	59,95	59,00	61,74
1100	65,9	62,090	64,535	69,1	68,15	72,16
1200	76,1	72,340	·	79,67	78,72	82,61
1300	87,0	87,3[illegible]	·	90,80	89,85	93,62
1400	98,3	95,392	·	102,80	101,85	105,80
1500	110,7	108,330	·	·	·	119,13
1600	123,3	122,250	·	·	·	132,32
1700	·	137,190	·	·	·	149,71
1800	·	153,188	·	·	·	166,81

L Longueur de la ligne de mire.

2 R Diamètre du canon à hauteur de la hausse.

2 r Diamètre du canon à hauteur du guidon.

g Saillie du guidon au-dessus de la génératrice supérieure du canon.

NOTA. — Les chiffres indiqués pour les hausses du fusil allemand proviennent des mesures faites directement sur un spécimen. — On a répété dans ce tableau les hausses du fusil modèle 1871, déjà inscrites (tableau n° 4), afin de faciliter la comparaison des hausses des différentes armes.

Il résulte d'un examen attentif de ce tableau que les hausses théoriques (tangentes des angles de mire) du fusil modèle 1874 et du fusil allemand modèle 1871, ne présentent entre elles que des différences variant de 1 à 4^{mm}

jusqu'à la distance de 1 600 mètres, celles du fusil allemand étant cependant un peu plus fortes et correspondant,
par suite, à une trajectoire un peu moins tendue. Mais si,
d'un autre côté, on tient compte du relèvement qui est
un peu plus considérable avec le fusil modèle 1874 ('),
les différences diminuent de cette quantité ; on a alors des
hausses qui sont très-sensiblement les mêmes et telles
que les courbes graphiques qui les représenteraient seraient à peu près superposables.

On peut donc affirmer que les trajectoires moyennes
de ces deux systèmes d'armes sont presque identiques,
résultat que l'expérience directe est d'ailleurs venue con-
firmer.

On pourrait faire une comparaison analogue avec le
fusil russe (Berdan n° 2), ou avec le fusil autrichien
(Werndl), muni de la nouvelle cartouche, et on serait encore conduit à des conclusions analogues.

Il convient d'ailleurs de ne pas perdre de vue que la
vitesse initiale d'une balle, la trajectoire qu'elle décrit dans
l'air, et, par suite, les hausses de l'arme qui lance cette
balle ne sont pas des éléments absolument fixes ; suivant
les saisons, la température, la pression barométrique, etc.,
ces éléments éprouvent des variations considérables : ainsi,
par exemple, à une variation de température de 20° correspond souvent une variation de tir de $0^m,40$ en hauteur,
à 200 mètres.

Si l'on ajoute à ces causes celles qui proviennent des
irrégularités plus ou moins grandes qui se produisent iné-
vitablement dans la fabrication des armes, de la poudre,
des munitions, etc., on est conduit à reconnaître que les
résultats moyens qui seraient fournis par des expériences
en grand avec les divers modèles d'armes actuellement
en service dans les armées européennes, ne pourraient
présenter entre eux que des différences peu considéra-

---

¹ La tangente de l'angle de relèvement est de $3^{mm},5$ avec le fusil modèle 1874.

bles, et le plus souvent inférieures à celles que, dans un même modèle, on constate d'un spécimen à l'autre.

Aussi faut-il se garder d'accorder à ces différences plus d'importance qu'elles n'en ont réellement, surtout au point de vue militaire. Ainsi, bien que d'après l'examen du tableau n° 1 le fusil modèle 1866 paraisse avoir moins de puissance balistique que les autres armes, il a cependant en réalité une portée presque aussi grande, car il suffit de remarquer que, d'après le tableau n° 6, la hausse qui correspond, avec le fusil modèle 1866, à une distance de tir de 1 700 mètres, correspond, avec le fusil modèle 1874, à celle de 1 775 mètres environ; de plus, à ces distances, la variation de portée due à la différence de relèvement est très-faible.

Quant aux mécanismes de fermeture, ils peuvent, il est vrai, présenter des différences notables d'un modèle à l'autre; mais la rapidité du chargement que permet chacun d'eux, et, par suite, l'effet utile dont chaque arme est susceptible, sont sensiblement les mêmes; on peut donc admettre que les principales armes actuellement en service en Europe ont une puissance très-sensiblement équivalente.

RÉSUMÉ.

En résumé, lors de la guerre de 1870-1871, la France possédait, avec le fusil modèle 1866, un armement très-puissant. — Mais à la suite de cette campagne, on reconnut qu'il était nécessaire d'y apporter certains perfectionnements et d'adopter, comme toutes les autres nations, une cartouche métallique au lieu d'une cartouche combustible. Ce changement dans le type de la cartouche a exigé des modifications correspondantes dans le type de l'arme, et l'on a été conduit au fusil modèle 1874 et au fusil modèle 1866 transformé (modèle 1866-1874), qui ne diffèrent l'un de l'autre que par quelques détails.

On a cherché à réaliser, dans le nouvel armement, les divers progrès qui ont été accomplis depuis quelques années dans les armes de guerre, ainsi que ceux qui n'avaient pu l'être dans le fusil modèle 1866, en raison de la nature spéciale de sa cartouche. On est ainsi parvenu à un système qui, tout en satisfaisant aux conditions multiples qu'imposait la transformation des fusils modèle 1866, se recommande par des qualités sérieuses. Le fusil modèle 1874 a une portée considérable ; la tension de la trajectoire, élément si important pour le tir aux petites distances, est très-grande et le tir est efficace même aux limites extrêmes de la portée. Le mécanisme fonctionne régulièrement; les cartouches sont très-solides; leur départ est assuré et elles peuvent supporter toutes les épreuves de la guerre.

Le fusil modèle 1874 réunit donc à un haut degré toutes les conditions que l'on doit exiger d'une arme de guerre.

Mais il serait dangereux de trop compter, à l'avenir, sur les qualités de l'armement ; il est, en effet, probable, ainsi qu'on a essayé de le démontrer, qu'à moins de modifications profondes dans la balistique, l'armement des troupes qui pourront se rencontrer sur le champ de bataille sera désormais d'une puissance équivalente, et, dès lors, le succès dépendra, non-seulement de l'arme, mais encore et surtout de l'usage qui en sera fait. Tous nos efforts doivent donc tendre à apprendre au soldat à tirer le meilleur parti possible de l'arme qui lui est confiée.

Nancy, imp. Berger-Levrault et Cie.

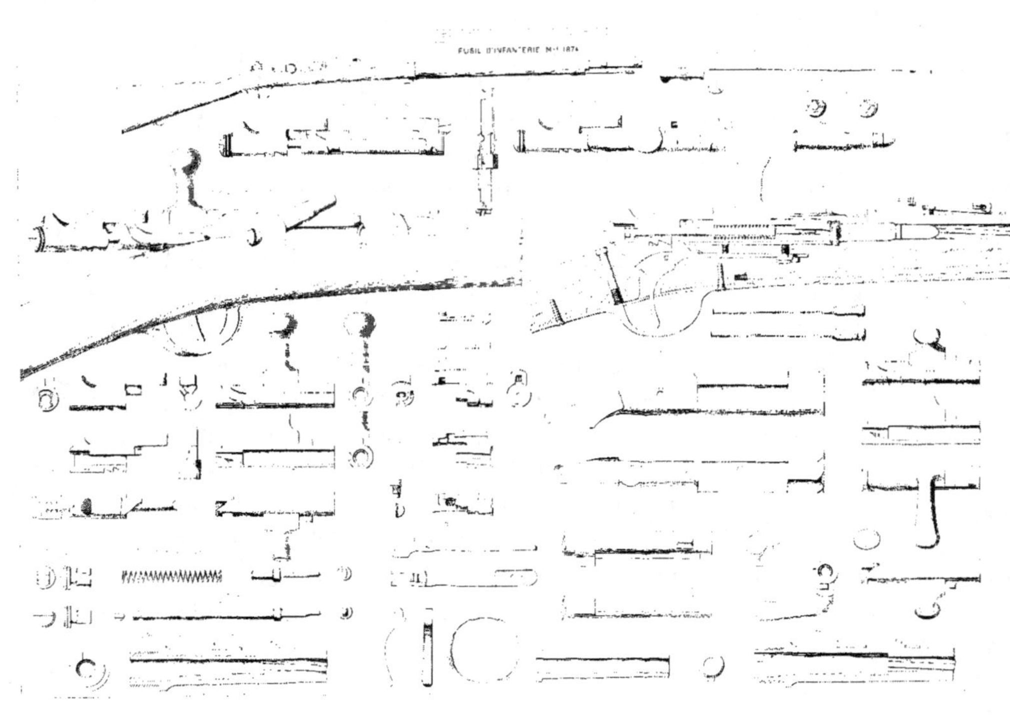

FUSIL D'INFANTERIE Mle 1874